bei-Räucherung auszuführen. Nimm dazu alle Karten aus der Verpackung und zünde die Räucherung an. Halte die Karten über den Rauch und stelle dir dabei vor, wie dieser alles Negative wegträgt. Danach nimmst du die Karten eine Weile in deine Hände und mischst sie, damit sie deine Energie annehmen können. Fühle dabei, wie deine Hände warm werden und deine Energie in die Karten fließt. Sie sind jetzt ganz mit dir im Einklang.

EINE KARTE ZIEHEN

Diese Karten sind so gestaltet, dass die Verwendung möglichst einfach sein soll. Es werden keine besonderen Legemuster benötigt, wie man sie zum Beispiel aus dem Tarot kennt. Nimm einfach das Deck und setze dich in einer bequemen Position hin. Atme ein paar Mal tief durch und beginne dann, die Karten zu mischen. Fächere sie danach mit dem Bild

Danksagung

Natürlich bedanke ich mich besonders bei allen Menschen vom mvg Verlag, die es mir ermöglicht haben, diese Karten zu erschaffen. Vielen Dank an jeden, der im Prozess involviert war. Da dies mein erstes Kartendeck ist, war es sehr schön, bei Fragen immer eine kompetente Ansprechperson zu haben.

Außerdem möchte ich mich bei allen Personen aus meinem Umfeld bedanken, die mir während des Schreibens zur Seite gestanden haben. Danke für die lieben und aufmunternden Worte. Besonders bedanken möchte ich mich bei meinem Partner, der mir vor allem beim Schreiben der Götterkarten immer wieder helfend zur Seite stand.

Wie diese Karten wirken

Orakelkarten sind eine Form der Divination, also eine Art, mit der Anderswelt in Kontakt zu treten und ihre Botschaften zu empfangen. Es mag vielleicht zufällig erscheinen, welche Karte du ziehst, aber du erhältst immer genau die Karte, die gerade am besten für dich passt. Dazu musst du dich beim Ziehen nicht besonders anstrengen oder konzentrieren. Die passende Karte zu erhalten geschieht ganz natürlich. Wenn eine Karte immer wieder auftaucht, möchte sie dich vielleicht auf einen Aspekt in deinem Leben hinweisen, der gerade besondere Aufmerksamkeit braucht.

Ich wünsche dir viele schöne Stunden mit diesen Orakelkarten und hoffe, dass sie eine Bereicherung für deinen Alltag sind!
Deine Dominique Haller

nach oben vor dir auf und ziehe mit deiner nicht dominanten Hand (also bei Rechtshändern die linke und umgekehrt) eine Karte. Betrachte das Bild und lies dir die Übung auf der Rückseite durch. Du musst die Übung natürlich nicht sofort ausführen. Es reicht, wenn du es bei der nächsten Gelegenheit tust. Allgemein empfehle ich dir, höchstens eine Karte pro Tag zu ziehen, damit du dich selbst nicht überforderst.

TIPPS ZUM UMGANG MIT DEN KARTEN

Dieses Deck kann zum einen von Anfängern dazu verwendet werden, einige Grundlagen der Magie zu lernen, zum anderen kann es für bereits Erfahrene als Anregung für den Alltag dienen. Die Karten können neue Ideen geben, wenn du einmal nicht sicher bist, was du als
Wenn du die Karten oft verwendest, solltest du

Was ist Magie?

Mit Magie sind keine Zaubertricks gemeint, mit denen man andere hinters Licht führt. Magie ist etwas ganz Natürliches, das überall um uns herum existiert. Ich sehe sie gern als eine Kraft, die man beeinflussen kann. Wichtig ist auch zu verstehen, dass Magie nicht schwarz oder weiß, nicht gut oder böse ist. Magie ist etwas Neutrales, sie ist lediglich ein Werkzeug, das in den Händen des Anwenders entweder etwas Gutes oder etwas Schlechtes bewirken kann. Es kommt also immer auf die Absicht an, die man bei einem Zauber hat. Generell sollte man Abstand nehmen zu sämtlichen Schadenszaubern und Ritualen, die den Willen eines anderen Menschen beeinflussen. In der Magie gilt das Gesetz, dass alles früher oder später auf einen selbst zurückfällt, was man aussendet. Man schadet sich letztendlich also nur selbst.

Bibliografische Information der Deutschen Nationalbibliothek
Die Deutsche Nationalbibliothek verzeichnet diese Publikation in der Deutschen Nationalbibliografie. Detaillierte bibliografische Daten sind im Internet über http://dnb.d-nb.de abrufbar.

Für Fragen und Anregungen
info@mvg-verlag.de

Wichtiger Hinweis
Ausschließlich zum Zweck der besseren Lesbarkeit wurde auf eine genderspezifische Schreibweise sowie eine Mehrfachbezeichnung verzichtet. Alle personenbezogenen Bezeichnungen sind somit geschlechtsneutral zu verstehen.

ein Imprint der Münchner Verlagsgruppe GmbH
Türkenstraße 89 | 80799 München
Tel.: 089 651285-0 | Fax: 089 652096

Layout: Manuela Amode
Satz: Sania Haschemi für Pageturner Production GmbH
Abbildungen: depositphotos.com/alebloshka, SergeBertasiusPhotography, ChrisTefme, piolka, bhofack2, alexsvirid, fotomem, SusaZoom, photodesign, avoferten, Almaje, Nastyaofly, Samiramay, AntonMatyukha, YAYImages, semisatch, Artnapoleonka, april_89, shico3000, krontus, styf, Valentyn_Volkov, Milosz_, yellow2j, synovec, xhico, EnricoAgostoni, Madllen, boggy22, belchonok, ewastudio, Yarygin, GiannikosImages, borjomi88, londondeposit, Nadki, antb, 26101981, simonalvinge, brianguest, AlexShevchenko, Bumble-Dee, Funniefarm5, bazil, mjohanson, davidschrader, Natikka, galynka, Iznkvphotography
Druck: Longo AG, Italien
Printed in EU

ISBN Print 978-3-7474-0355-6

Weitere Informationen finden Sie unter:
www.mvg-verlag.de | www.m-vg.de

Über die Autorin

Dominique Haller wurde 1998 in der Steiermark, Österreich, geboren. Dort wuchs sie in einem kleinen Dorf auf. In ihrer frühen Jugend fand sie durch Zufall heraus, dass es Hexen nicht nur in Märchen gibt, sondern auch in der Wirklichkeit. Die Vorstellung, dass es eine Welt hinter dem Sichtbaren gibt und dass Magie real ist, ließ sie bis heute nicht mehr los. Dabei war ihr immer besonders wichtig, Magie als einen Teil der Natur zu verstehen und so die Natur auch auf dieser feinstofflichen Ebene zu erkunden.

Wenige Jahre nach dieser Entdeckung begann sie, ihre Erfahrungen und Tipps auf Social Media zu teilen. Vor allem YouTube ist heute eines ihrer liebsten Hobbys. Sie verbringt aber auch gern Zeit in der Natur und kümmert sich liebevoll um ihre vielen Pflanzen.

Magie steht allen Menschen zur Verfügung, man muss nur wissen, wie man sie anwendet. Dazu braucht es, wie in allen anderen Bereichen des Lebens, Übung und Erfahrung. Dein erstes Ritual wird noch nicht so wirkungsvoll sein wie dein zehntes. Verliere also nicht so bald den Mut!

Verwendung der Karten

VOR DER ERSTEN BENUTZUNG

Wie bei jedem neu erworbenen Kartendeck empfiehlt es sich, die Karten vor der ersten Verwendung energetisch zu reinigen. Dadurch sind sie von fremden Einflüssen befreit und können sich ganz an deine Energie anpassen. Am einfachsten ist es, die Reinigung mit Salsie regelmäßig energetisch reinigen. Dadurch wird das Deck von negativen Energien befreit, die sich während der Benutzung vielleicht daran gehaftet haben. Zur Reinigung kannst du genauso vorgehen wie bei »Vor der ersten Benutzung« beschrieben. Wenn du eine andere Methode der Reinigung bevorzugst, kannst du natürlich auch diese verwenden.

Für einige der auf den Karten beschriebenen Rituale benötigt man bestimmte Gegenstände oder Kräuter. Falls du diese nicht besitzt, kannst du sie durch etwas Ähnliches ersetzen. Viele der angegebenen Kräuter finden sich aber entweder in der Küche oder du kannst sie selbst im Freien sammeln. Dabei aber bitte immer auf die Verwechslungsgefahr mit anderen, eventuell giftigen Pflanzen achten.

Allgemein kannst du die Rituale auf den Karten gerne abändern und an deine Bedürfnisse anpassen. Vor allem, wenn du bereits Erfahrung in der Magie hast, ist das eine gute Option.